AF188280

Nur damit

Marita Tank

Nur damit

pochiertes bleibendes
Weißgefühl

Impressum:

Bibliographische Information der Deutschen Nationalbibliothek:
Die Deutsche Nationalbibliothek verzeichnet diese Publikation in der Deutschen
Nationalbibliographie; detaillierte bibliographische Daten sind im Internet unter
http://dnb.dnb.de abrufbar.

Marita Tank „Nur damit"

© 2017 Marita Tank

Foto Deckblatt von Marita Tank und Johannes Constantinides
Lektorat: Marita Tank, Jan Lethen
Deckblatt: Marita Tank, Jan Lethen

Herstellung und Verlag:
BoD – Books on Demand Norderstedt

Printed in Germany

ISBN 9783744872195

4

Inhalt

Vorwort

Nur damit alles weiß ist, muss sich niemand bewegen.
Nur damit alles weiß wurde immer wieder weiter gelebt.

Marita Tank schickt den Leser aufs Glatteis der
Sprache, ironisiert, irritiert und verblüfft, sodass der
Leser erkennt, dass man die Sprache in eine andere
Richtung lenken kann. (Hartwig Mauritz in seiner
Buchbesprechung von Marita Tank "Lach mal Liebe".)

Sämtliche Zeichnungen sind gnadenlos von ein und
derselben Autorin, Marita Tank, gefertigt.

So viel zu

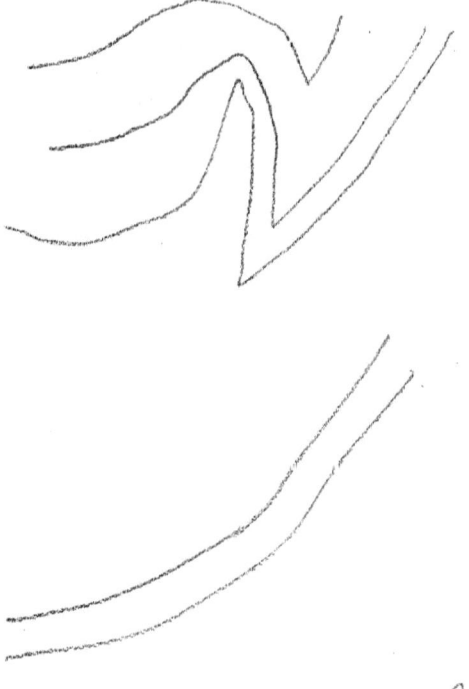

unto 2/17

Angestrengte Gleichbetrachtung

Orangewolkig der Himmel unten heute
Orangehäutig die Augen unten heute
Wolken lassen von der Augenreise ab heute

Wolken schuppen sich nicht, schmieren sich
ineinander, wechseln Boden, sinken hautlos
übereinander, wuchten ab durch die Mitte

der Augenwerweiße zieht ein Orangefaden
ein Riesenfeinrißlein ein Sehnerv, wunder,
vor lauter Gucken ist alles gleich orange
geworden
die Wolken/der Himmel/die Augen
und du
Apfel sinnend schälend

München

I

Die Theresienwiese und ihre Schnellspurläufer drauf. Ein
zugefrorener See in den Niederlanden, nahe den Bergen der
Eiszeit. Davon ein Relikt, nein, eine Spur des Relikts:
die Bavaria. Immer nickt sie, „Ja" meint oder „Soso!?" Zu
den Bergen? Wo ist Bergen? Wo Bergen ist.

II

Ich teufle am Niedergang des taghellen Abends vorüber, sehne
mir die Betbitte des Morgens zurück. Eingefaltet zittere ich
Summlaute und näsele etwas wie Furchtleuchtkugelschwung. Die
Sprüche Foreveryoung und Jüngeralsheuteniemehr sind ja nur
das Gurgeln, Spucken, Röcheln und Hecheln des gesamten
donnernden
Tages, der nachdröhnt wie wieder Anlauf nehmen. Zur Neige geht
die Kehle, auch der Fingernagel am Seitenflügel der Nase kratzt
nur limitiert. Jetzt kreuzbrav sich hingehaucht geben, betten
und beugen den Rücken, das Kinn zum Knie und nichts als einholen.
Luft. Vielleicht wird leicht dann schon noch was geschehn, dem
erlaubt ist,
es sich zu nehmen und zu halten und genauso eingezartet zu flehen:
Bergen bitte! Wie prompt und inbrünstig zu wissen Hier ist Bergen.

Im Alter Schnütchen

Greisens Fest im Schlafsaal
Will er sich hüten vor

Witz und Neugier sind sein Leben
Nachher geht er nicht zu Ende

Nicht zieht er Leine, säuft nicht
Raucht nicht, da und todesfern

Der Spannung Bogen, er sei bausch
Plumeau, so auszuhalten aber wie

Ein Immer wacht im Präsens, das Nie
im Konjunktiv, im Alter Schnütchen

An Stadt

Tatsächlich heißt ein Nest so
: Stadt. Wie Ball wie Himmel.

Im Hirn geht es ähnlich zu.
Alles fließt in einen Stau.

Man trifft sich. Fußwegweise.
Staunt was der Passant sagt: Dort

Wo ich hause, hasse ich auch.
Baal schlingt Himmel an Stadt.

Wo sich alles drängt, ist Kreuzpunkt.
Zentrum, weiß ein Schild. Zeigt Dort

Wo wortanders will nie sein als
an diesem magischen Nestwerk.

B i n s e n   u n d   s t ö r r i s c h e   F a s e r n

und verlegenes Moos und nur noch Moos

der Länge lang dort erzählen

Wir wählen Höhenluftgerinnsel
gesammelte Höhenluft

Die Zeiger der albernen Uhren
zittern gleichmäßig   Das wirkt

Wirkt wie allmählich uns bis hin zu den
mit Fug und Recht stets flugbereiten Pfauenaugen

Der Punkt

Punkte sind gar nicht so schlecht.
Gute Marien. Tausende. Hier guck.
Jetzt gelbe. Woher?
       Frag lieber wohin.

Zwei sind ein Komplott.
Du und dein Assoziier.
Schwirren und hausen.
       Es ist eine solche Gegend in der Welt.

Die ohne Kummer nimmer.
Und mach nur einen Satz,
wirst gesund mitten im Satz.
       Frag nicht, flieg, brenn.

Welt mit Gegend mit Brennnessel.
Brennnessel mit Flügelchen.
Wenn die Reise ist so nah, schaust
       weit entfernten Punktes.

Nun ist das wenige

Wasser ein kerniges Wasser
Der Komplize des Wassers ist
der angeschwemmteste Tag
das Eau de Cologne für morgen
Denn Heute wird mir immer
egal sein Nur heute nicht

Ich gehe in eine andere Gegenwart
Konzentriere dich halt einfach nicht
Leuchtlupen liegen im Wasser
vergrößern es als ob das ausreicht
Heute wird ohnehin morgen
mittendrin allein gelassen

Dem Leben das Bild davon

vorziehen damit ihm blüht dem oder dem

Alles Oder hat eine Stelle die keine Stelle hat

Vorsicht auf dein Mitsumm

Stolpernder getölpelter Gram

eine Träne im Auge und eine dem großen Zeh dem

Beweise deine Wiese

Will ja nichts sagen, aber

einer Wiese fehlt der Beweis

mit einem Schaumkraut darauf.

Auch der See hat einen süßen Kern.

Denn es ist süß das Angewiesensein

auf so manch Unbewiesensein.

Eine große langeweilelige

Wende macht das Boot, ohne

Wind in die Pflicht zu nehmen.

Das Ruderruder reiße es herum

reise dich heran, es dornt es dornt.

Es dornt die Gegenrose.   Wenn an dich denke bin

weichweich wenn dich höre voller Weichen. Wo ist

mein Wohn und wem? Wer suche, der sehe, sehe

Wiese.

Wiese mit See am Saum. Bist mit Tau mit Tau nahe

b i n i m t o n e in den tönen

olgt ein ton einem ton

gefallen beide auf einmal

ein ton ist ein ton ist in eins sind

sind ein gerangel um zwischen

beide töne wollen zwischen

höre das gelingt höchstbald bin höchsthier

in zwiespannung ganz tonton

gefrickel und gepröddel

das gerät ist kein wesen.
das wesen sitzt in den herstellern.
es gibt freunde reparateure. sie müssen keinen helm
aufsetzen.
sie sehen das gerät als großen pfauenvogel, der ein
rätsel schlägt.
eine schelle wird angelangt. die schelle ist da.
was nicht passt, wird rohrdicke genannt, dann die
stangenenge schellenbengel,
das wort zange ist ein zimmermädchen.
die zange macht sich gut als gerätgeschenk für das
gerät.
das ding steht nicht unter strafe. ein gegengestand
hält das gerät nicht fest.
es ist ein flatsch zu viel. der flatsch umwirbt die sorge.
das ergebnis ist ein ziehrum. mehrmals. gepumptes fin.
das gerät ist kein Wesen.
die Frau scherzte ihm das, Hauptsache weiterfahren.
Es wurde eine hollerzeit über die Maßen. eines abends
kam das eigenleben.
sie ahnt spät. er hatte geweint seine zukunft mit ihr
auseinander.

Husch

Nicht voll da,
eher ansatzweise an jedem Ort. Flink, flugs, Flitz
und Flatter.

Fang doch nicht immer wieder von vorne an!

Mein Kind
gewann nämlich glatt einen Regen, weiß so viel
wie Hurrah.

Ausgelassen. Schleicht nun gar nicht mehr heim.

Zum Huschen
ist das aber auch mit dem letzten Wort! Allein
im Wind.

Im Benehmen glatt gehen

Ausgeschrieben strauchelt mein Land

oberhalb des Trittspiegels.

Macht einer einen Witz mit Glatt noch?

Zum Verrücktwerden ein Schritt.

Mit dem Podex zuerst reibungslos.

Hinsegeln stimmt keinen poetisch. Aber

Hochkommen gelingt nur

beim Erinnern an einst Gezetteltes.

D i e H u m m e l um mein Gesund herum

Sie lärmt eher rund als absehbar
Hat mehr als nur ein Recht
Ihr Bausch gehört ihr, die Farbe Sieborange

Weiß ums Fliegen, zwinkert
Macht Anstalten sich auf
mein Gesund zu setzen zum
Tüpfeln. Das sieht so aus nein so

Es ist bloß das zweitbeste Gesund
Grund für die erstbeste Hummel
Bietet frei zu sein als wärs das

Nur der Hummel wegen
Nicht bewegen Hinsummen

N a s b l u t

Ich brüte meinen neuen Mantel aus.

So ewig, dass ihn nicht zu kürzen weiß.

Warum ich keine Rosen nicht

unbedingt gern hätte, reißt mich herab.

Würde samt & sonders sie paletot

auf Seide sünden über & über bouquet.

Bin madame, verschnupft & weh.

Mein Zimmer fällt

mir im Schlaf auf das Dach

schmerzt zu mir her

bist da mit drin

sagst mir ins halb erlaubte

Ohr Entzündungshemm

Spursenkel hingeklatscht zu Wege

zu Wege zu wringen sie trachtest sie trocknest

Ich träume schneller seitdem

Mond Geschütteltes

Auf den Kälten steht geschrieben
auf dem Blatt ein Zelt aus Blatt
Spähpause Mond und grübchenselig
aus dem Mond Geschütteltes
                              ein Schmerz aus Zieh

Sofern die Ferne ruft so nah
brüllen wieder Kälber her vom Meer
Betongeleimt auf Arches Wegen
wenn das Boot umarmt zu hütten
der Brackbarsch spielt da Katz die Katz

O der Tau der ist gespiegelt schon

Plume Plumeau

wäschegeleintes blähendes Tuch

windestreue flatternde Ungeheuer

hintereinander raumhinein da laufen

zwischen hundert Laken Kissenhüllen

Deckenetuis Servietten nur für sich

weiße Gerüche weiße Gerüche

dreimal raten wer bleibt stehen wer

So viel zu

So viel zu heute!
Und bebiestern uns nicht.

Entkommen uns
zur rechten Zeit in das Gewühl

der ausgedienten, ausgedingsten
Städte. Jede Straße vier Zugemachtes.

Wir haben uns verzweit.

S i e k l i n g e n dann die Farben im Raum
Das farbfarbe Sitzen explodiert
sodass jede Farbe wohl schnell macht

Jedes Photo von den schnellen Farben macht
das Bleibesehen mit da und dort und noch

Das ist schon ein Hüten der Explosion
                    Winde dich ruhig du gehörst dazu
Haltbarer Farbklang derart ohja ohja so barfüßig so

So fort getümpelt eingetümpelt

die Münder voller Brennwert nehmen

Spucks aus noch einmal teichtest mich

dies ist der Dampf der Höhepunkt des Sprechkonzerts

sagst sagst Gedanken die von einer Seite auf die nächste

schleudern und zurück und einen Einhalt nicht

schäumend durch und durch mit Neige

komm komm in Frage

        bestehst schon ganz aus dir

Nur damit ich da bin

sind da Welten

Nur damit ich da bin

fällt das auf

Da ist wirklich und tatsächlich ein Stups

Halbe Miete

Hineinfahren mit den zu kleinen Füß
in die zu großen Schuh

    Radschlagen Kollern die Schuh zehen
    Wir wechseln die Schuh tauschen

die Füß nur der kleinste der fliegt
sie alle alle auf

Was was stillhalt

Tröstendes muss sein und was was stillhält.
Nicht nach komplett Wahrem gieren und was das

bloß zünden sollte. So stammen wir & weich
auch nicht von den knalligen Durchsagen ab.

Aber von den Krippenbeißern, Luft geschluckt.
Ich glaubte, ich liefte und ziehte Töne zusammen.

:Beerdinst. Auch verleste ich mich: Kampf ums
Dusein. Du Angeschnippster mir aufgebauscht,

nämlich mit einer geringsten Spur von Hauch. Doch
wo ich arg wohnte, trieb der Orkan das Glück hinaus

vor die Tür. So wurde es wildernd und ich geriet
hellauf zu leben. Wobei du Blau, blau sei es, riefest

nicht grün, nie grün. Sondern blau verdammt. Morgens
schließte sich das Haus hinter mir, es kam Farbe zur Welt.

Sagst, Siehst du, komplett wahr und nicht mal geblitzt,
kommt viel so daher, Tröstendes und was was stillhält.

Wer sagt d a s denn?

Mit diesem schmelzenden Punkt
Polwasser. An der Küste gehen wir
in die Knie schon mal. Da muss doch
drauf gepfiffen worden sein. Und zwar
beugend & Hyperkonjunktiv Meer. Wer
fünf Minuten mit ihm spricht, braucht einen
ganzen Tag um sich neu zu konzentrieren. Wie
geht d a s denn? Stumm wäre eine Möglichkeit.
Nichts & noch mal – Ähnliches. Tendenz steigend.

I c h s i t z e mit meinem Rücken
streckenlang auf Schulter, Kopf und Kamm.
Bevor die Mäuse tauchen, schmerzt weinegraus
das Katzepfötchen in den Wind.
Mein Tausendsassa hält sich gleitend auf
im angesagten Netz gesundpflichtiger frischer
Kassensandaletten.

Wassolln wassolln die tun nun
Auseinander mit Herum

Zeiten sind per se verspätet hier
krümmen sich von da nach da
                    Eines möcht ich wissen ob ich

Die Königin von Ägypten Hatschepsut
trägt ihr leichengefleddertes exhumiert obenauf Aroma

Wir müssen noch zehntausend Jahre Pause machen

Als wärst

Denken, als wärst der,
der gedacht wird.
Denke so, als würdest gern gedacht.

Tochter, als Neugeborene
hast geschaut als wärst
schon wieder weg.

Wärst für eine Jahreszeit zu mild.
Bist, damit der Tag nicht verschwindet
sich nur mangelhaft erübrigt.

Gern bleibt zum Beispiel
fern ist ein Guck in Ohnend
ein Frühling 400 Gramm.

D o c h s o u n d R e g e n r i n n e

Bist du gedehnt zurückgeschlafen
laut genug oder den Teig den Tag
auseinanderziehen
                    strech the desert

    Da ist ein Floh der kraxelt in die Sonne
            sieh dich mal so dich auch dich auch

Auf dem Hängebauchstuhl liegt ein geteertes Briefcouvert
und schrumpft auch ohne Adressat im Großraumduft Wo
ist er denn ab fragt jemand betroffen

Das Kind isst die Erbsen einzeln sind ihm schon Individuen
denn es sagt
            auf dem Vogelfriedhof
                    geht kein Raum um die Ecke

Aus der Regenrinne
trockenen Wein trinken
und einen schmissigen Anruf besorgen erst morgen
                                    oh solch Morgen

    Was sich nicht erübrigt holt die Nacht

Denn da du

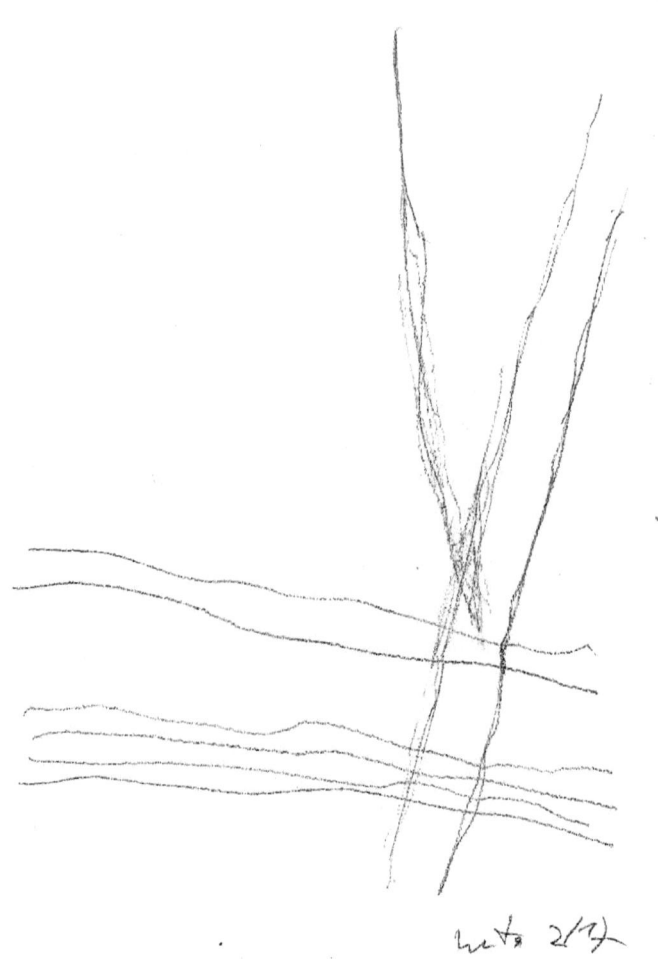

Denn da du

Vergäße ich dich, merkte
ich es gleich. Denn da du
bei mir bist, weiß ich von mir.

Du ziehst mich zurück auf den Boden,
entschärfst und entlastest den Himmel,
bist ein erdender Engel.

Möchte dies sichern, nicht fest und fest schnüren.
Bestehe darauf. Bist. Bist meine weitflächige
leere Stelle. Baue darauf. Bist.

Dich gern genug

Meine Seele kratzt
an deine Seele. Kratzt
sich wund und wunder was.

Dieses aufgekratzte
Wunder ist genug. Für
deine meine beide Seelen.

Ich höre dir gern beim Atmen zu

Ich höre dir gern beim Atmen zu.
Normal ist das nicht, ich weiß.
Das Gefühl gehe mit Gedanken.
Mit wem gehst du?

Gut, dass ich mit drin bin, wenn du
großzügig das Universum meinst.
Darüber lachst du dann, denn
das Lachen ist drüber. Immer

steckt im Lachen der Hals.
Doch das Atmen ist drüber.
Was ich gern höre,
wissen wir jetzt, glaube ich.

A a l g l a t t ist das mit uns

                  Wir treten nie auf Stellen

Sogar die Noteingänge sind knallhart der Hammer Deine denn

Das ist keine Frage sondern ich Ich gleite auch stets hin ohne

Was sofort See bedeutet unser See fraglos frag nicht frag doch

Dochfragen samt Anschluss haben getane und ungetane Bärte

Das ist schon nicht mehr feierlich und dass der See harmlos eine

                  Weite ist und ich Ich zerseele

F r ü h e s TIEFGELÄNDER an knitter flitter Nacht
   meine Innenarchitektur   dschung   heißt diesmal
   schmieges Lehnen meiden   pardon perdu

   Halbwegs schreckentlang die StopSTOPPELN knabbern
   morgen stengeln übermorgen knicken tackern

   Lippenreste haben vor zu laufen sie
   schliefen rücklings BALANCIEREND ein und ein und aus
   riefen dem Gönner von Trieb und Trieb meine

   LIEB O LEI O LEI o schwindelfrei

Fortan S e e s e e s e e

Einen Liebistwegweg
einweinen. Einen mit

Handlauf. Von da nach
ebenso. Die Erholung

einzeln, ihr folgt der
Seeseeseegang. Ihn tun

nicht tönen. Bist kein
Mammut. Bin kein Mut.

Vom Wasser her blinzele
Hasenweite. Hüpfe dann
                    Heranheran.

H i e l t e r t e n   d i e   L i e b e n d e n

Klirr sie wisperten
in die runde paarweis wo
        Nie sie ankamen pech
        sie dachten und glück
            sie verschwiegen

    wie sie nie die lie

Man muss nicht ins ziel
es gibt kein ziel   Dies ist eine
          schwache ausrede hinterher
  kennt keiner keinen   Beiß beiß dir

    dir auf die zunge

   Sag

Sag: du ich   Beiß dich neu
her hin ho nied sehnterten sie wasserfalls
        permanenteren ends

wie sie nie die lie hie

     hielterten die liebenden
hierrollende tropfen   Schwupp schwapp

Mit staksen Schritten trägst
du die Sanduhr aus dem Hinterzimmer
Es rieselt Wunden in die Förmchen für den Winter

Vergaß zu sagen dass vergaß zu sagen wo die Liebe account
Wäre ja etwas an die Welpen des Halles mich heranzutasten
Mit dem Bein sprechen wie mit einem kleinen Jammer

Im Vergilben begriffene Photos irritieren
das Gleichgewichtsorgan das hält sich
bei der Sinnestäuschung im Halbschlaf auf

Schon ist das Unerkannte wieder gewiss du schmeißt
mich an zu üben wirreinander erhofft zu sein
Das strahlende Laub weiß genau wohin

Sag es ist nichts

du hast alles schon vorweggenommen

ich hab keine chance

wir sind beide schon herbei geschwommen

ich hab einen schoß

du hast eine nie mehr eine weite zeit

ich hab nur noch eine zeitezeit

sag es ist nichts sags verkehrt

Saison

–I–

In diesen
Winter hinein
früh gleiten.

Klirre mit
Mütze wünschen.
Spät frieren.

–II–

Am Stück
plappern gegen
Gram an.

Zu sommern
sei gnädig.
Wolken waren.

–III–

Hättest gerufen
hätte nicht
nach dir.

Ehe Laub
fällt kommt
Himmel vor.

–IV–

Zwischern ist
immer drin
drauf dran.

Schwingend im
Übergang wohnen.
Brandneues
schonen.

Eine neue Nacht

Sie ist und ist

ist da gar nicht zu sehen.
Und wenn schon – mache

dir nichts daraus.
Allenfalls halte
die Taschenlampe verkehrt.

Es gibt eine neue Nacht.
Reiche ihr rasch einen Klang,
der dich betreffen müsste,
ehe sie wieder aus ist.
wird nun einmal
kaum laut aufgerufen.
Solltest schon wach sein.
Verstehe es, mit ihr
herumzuhoffen.

So etwas

So etwas wie mit Herz ausschlachten
hast du noch nie gesagt. Dabei würde
ich dich auf der Stelle daran erkennen.

Stünde dir. Stünde dir zu. Hier ist meines!
Räubere es. Entern, johlen, plündern
Luft und Laube, den Rest auskratzen.

Zuletzt ist es dir, ist es dir ganz hohl.
So etwas wie mit Herz aber, meines aber,
habe ich aber noch nie gesagt, mein Herz.

Stimmen kippen in den Kreis

während das Telephon eine Liege ist

Wir beide plündern zu sehr gern fern   l´amour

Zeit macht daraus einen Klacks

Alles Rätseln zu füllen fühlen pulen

Auch die Abendsilben im Kleid Es weicht schon auf von uns

putscht   mit

Dieser Sommer hat nur einen
Wandertropfen an der Wand

Wer ihn wiederbringt bringt angeplanschte Teiche mit

Zu singen sie trotz unheilbar verhärteter Nervenschar
sich bewegen in denen so genug
So genug so genug so genug

Wenig genug und zu genug um sich zu beenden
verstört die Welt im Fluchen suchen
lieber sie lieben pah ins Gegenknie schön diskret
unschärferelativ   dies ist der Zustand zu sich
selbst

Der Nähe Tropfengang macht sicher und hält
nachts mit schier nichts als Nacht macht sicher und
hält
eine Sommernacht naht unverhohlen wird

Wanderwolke rundum umso mehr umher

Tzaritags

Der Weitere nebenan ist nie
nie weg jeden Tag er rollt seine
Sonne am Gaumen tzaritags sodass
zwischen den Grüßen kaum Platz

In den Mulden tummeln
den Streichbogen einreiben
kontrabass sein

Wenn am Ende alles drin war
kann nichts passieren mehr

Gegebenenfalls obfern den Grüßegarten
globalisieren hohee

Nur du hältst

Ziehe dir etwas Gestricktes
über, wenn du vor die Tür.
Erübrige dich hier drinnen.
Blättere weder in dir herum
noch schlage dich offen auf.

Könnte Unzähliges von dir
verschwenden. Nur du hältst
nicht still. Der Fadenlauf er

barg dich. Doch du warst so
unbändig gekleidet. Ziehe mir
etwas Gestricktes über.

W i n z i g einzig Flocke war die Menge Schnee als

deine weisen Beine meine weisen Beine trafen

Selbst grüßten wir nicht mehr Der Hüter fror

Dem Wild da raune etwas das es gar nicht gibt

Also bist du mein und im freien leisen Intermezzo

Hebe Unheil auf der zweiten Entertaste auf bei hörtnichtauf

Ist dies mein Verliebtsein

vielleicht

doch ich vollende es nicht

Dialektik Trialtar

Ferne ich dir je nach nah ist Wegeslaune

legte das Land auf die Schwelle vorher

da machst was mit   teln

Im Kalender stand nicht Herzgebein

In der Wand

Mensch, in der Wand hängst
und lässt nicht los, singst es auf
Syrinx, machst es denen nach,
die auf Bäume abfliegen.

Der Windsbraut Gehgeselle ist schon
bei den Pärchenpaaren. Hinauf herab
und quer gelingt der Ton in der Wand.
Syrinx Syrinx Syrinx. Flehst.

Was, Mensch in der Wand, willst
missen? Syrinx oder das ganze Gefieder.
Bitte bitte gerne. Alles auf einmal.
Auch die entfesselten Sandalen.

Zwischfreude

Mein Herz aufgeöffnet mein Herz zugeöffnet.
Hochgeöffnet hineingeöffnet spaltgeöffnet.
Herumgeschaut. Schaugetan so schaugetan.

Viel geöffnet. Bloß geöffnet. Blöffgeßnet.
Weniger bloß. Bloßgewenigt wegen Ganzund.
Neinkein Aberjadoch, überleges unterweges.

was ich hier tue liegt

an den barrierefreien Fingerspitzen

lugenden wetterwarmen tölpelleichten

weisen sie auf dich hin und herzack

du heizt nebenher Schutzgeistern ein

pustest auf die Knollenwurzeln einen Trollatem

holst dir das erste von den Stutzchen das braucht

Fahrt und Rollen im Wind du lässt sie mir ich

beere auf deinen Rinnen

Vorher war auch das strahlende Lächeln für mich

Die Meere rücken über stücküber

Die Bienen können gehen stücküber

Vorher war auch das strahlende Lächeln für mich

W ü n s c h e g l o c k du Sonder
klingst an in diesem Bimmelland
Wolken einst und später SPITZEN
DECKEN Die Nacht die Naht
für unterm Schlupf dort rieselt
das bitter Engelamt umlaufbar
Erzgeselle wer will herzeleise
herzzerreisend reisen dich genau und her

Zusätzlich das Licht hochsausen

Inmitten dämmeriger
Alleinigkeit zu jammern
wäre ein Vergessen dessen
was knappt am Rand.

Am Rand das Kümmern
um die Not der Flüchtigen
die sich immer kümmern
um das Kümmern. Kaum

geriet ich in dein Kümmern
hach und erst das Kümmerzimmer
hast du morgens zusätzlich
das Licht hochsausen lassen.

Wenn liebend tollst oder mäanderst

ist ernst zu nehmen die noch so kleine Last

der Erfindung von Qual im Geiste genannt und
        damit Schutz über greifbarere Schlaufen verfügt
doch

OHNE TITEL OHNE Atmen nicht vergessen Im Anfang war
    ein Zwielaut süßes Winterwissen süßes

Süße zu Bach geworfen fließt obenauf fließt fließt IHRES
    alles alles fließt HEISST NUR EINMAL bei
    genauerer

GENAU geht ohnehin zu BRUCH & SCHEPPER
    alles schlängelt zum Ziel um es herum ein
    Glanzhüter ist ernst zu nehmen

damit Schutz ein ZWIELAUT alles alles mäandert
kussrundherum

Am Hang der Sicht blüht das Boot

allein bis hinein in den See

Am See steht das Haus

am Haus lehnt der Mann

Dicht will ich bewohnen

nach den Böen pfeife

Auf Zehenspitzen jede Aus Sage mündchenvorn

In Liebesangelheiten und wie so so
ist jede Aus Sage fraglich oder schnurstracks falsch
Der Wind fährt zwischen einzelne Frakturteile
Serienrippe Lungenzündung Herzklappe
Drunt lässt sich fingerkuppen pochen tupfen
Wer ungefragt bleibt labt sich ein

Alles andere als

Alles andere als zack
Spitz- und Flachküsschen
als Gute Nacht gehuscht.

Leicht warfst dein Tauchtuch.

Lippen als rollende Berge
herzu herzu. Mein Zackmund
von deinem überaus umarmt.

Am Ende abbrechen

– Deleuze anheim –

Männer die meinen
Frauen die weinen
Wenn sie zusammen
scheinen zu scheinen.

Männer die reifen
Frauen die keifen
Wenn sie zusammen
Pfeife zu Schleife.

Männer die leimen
Frauen die keimen
Wenn sie zusammen
reimen zu.

Vorher

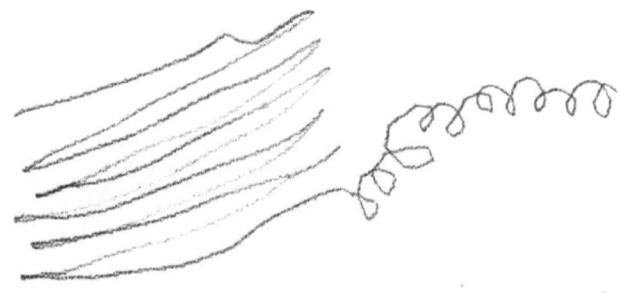

mta 2/12

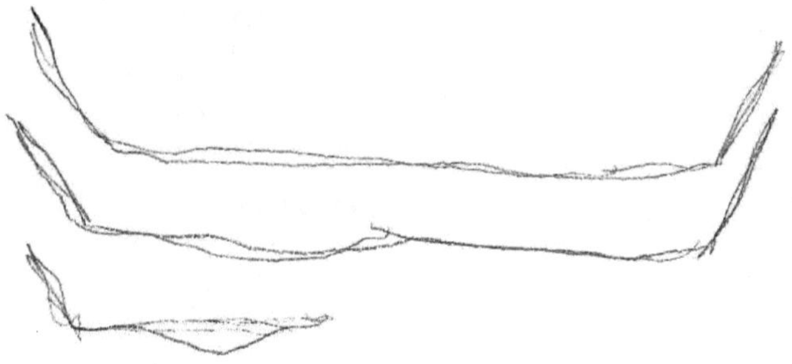

Der Schnee auf dem Dach

zeigt mir seinen Rücken

Unter dem Ohnemond Trotzend

stimmt die Helligkeit

die mir sogleich

verflucht ähnlich sieht

Den Windfang im Fallemonat kühn

zu kühlen

ist unnötig und erschwert das gravitative Grüßen

Nimm das Fernglas mit und großes Bärenfell

Die Sonne gewinnt auch durch einfache Abneigung
was vernünftig ist
Physiker erklären das Einkörperproblem für konservativ
Kleine Abweichungen verändern
große machen nichts

Wünsche mir von
den Planetenbahnen ihr Chaos und viel von deinem Pelzchen

Beuysens kluges Knie

Bleibe da und sorge
sorge dafür, dass die
dass die Wand zu
zu kratzen ist in
in Windeseile bleibe da.

Das Kritzelbild das Kritzelbild
aus Not, Nest, Nacht und
Nacht und Nachtwuchs.
Mir ist egal, ist egal, wem und
wem und wem es egal ist.

Zu denen weiß man nie.
Zu den Sternen weiß man wie.
Bleibe da und wisse rundum
kose rund das kluge Knie.

Da Die Fahrräder Die Zeit Das Beiwerk

Ein herrenloses hinten
mit ragendem Gepäck

eines ohne Dame vorn
Traumschwere im Korb

fotografieren geschwind alles mitsamt

attachment ist Geschichte nein Geschiebe
als remade zu trainierendes auswendig

Courage Courage

Im Zauberwinter ist dem Glück extra eine Halle zu bauen
und es sei meinst persönlich zu strolchen zu lauschen zu
harren

Träume brauchen einen Durchatem tiefer winter als längst

Selbst das Sonnenlicht als Streifen an der Zimmerwand ist
kalt
angebrachte verlässliche Störung zur Seite durch
parfait

Irren ist halb so wild und nichts so gesellig
wie kräftig einen Traum dahingehend zu erlösen

D e r   v o r i g e   T a g   ist maximal
hat ein Bonbon am Aug   le temps

ist maximal eine Plattform

eine Plattform für eine Zeile
auch ein Rinnsal Stummsal genannt

Stille ist ein Fest wenn du wüsstest
die Plötzlichkeiten deiner Welt zu parzellieren

Wer lebt wo aus

Keiner lebt aus unter schrägen Umständen
unter ebenen Umständen ausufern

A m   E r g e b n i s   d e s   L e b e n s
ist nichts zu sehen
Vor dem Fenster
der Kran für das Sehen

Das Geräusch der Schnur
zwischen alles und nichts
schien gehört worden zu sein

Man sagt die Person
fand den Tod sagt das wie
Finden sie den roten Kamm

Lass mir ein Jahr da Flehen Flechten

Naturgemäß
mehrmals am Tag
ihren Rufnamen
leise vor sich hersagen

was einem Sichverlaufen und Zurück
einem Refrain an Plong
gleichkommt

o b e n d r e i n v e r l a u f e n s i c h
seitdem die die bei Zeitlupe so daher
in meinem viel zu großen Zimmer

Ihnen auf den Fersen müh und gedopt
Die reservierte Medaille ist in echt
                    eine schlimme Brosche für den Tag

          Fensterkäuze kiebitzen Räkler am Morgen
Räkler sprechen überraschend geräumig am Morgen

Wir sind dem Augenblick aufgehalst
Außerdem vorher Sonnenblumen gesteckt
doch spät nachts Komma Mäuschenstille

Auseinanderzuhallen

Nicht 2 finden zueinander, sondern
Einer findet Einer zueinander.

Und Eine Einem. Das ist eine Kusst.

Dann hallt eine Nacht und
eine Lerche lärmt erneunt.

A u s g e s c h l a f e n aus dem roten Raum

aufträumen machte uns des Verdachtes Besserschurkenblick

alle Menschen mochten mögen werden Allemenschen

heute habe halbe Tränen in den Harfeaugen

ein Stammtaxi für meine vollständigen

wie sie so wir abgewusst   ab mich finde so aus

Als sich das mit dem Ort

klärte gab es geballte Wolken

wuchtige Hälse fernstenfalls   bist da

Doch kann sich an sich selbst anlehnen

das Ach Seufzeton kaum mehr bis da   lachs

Lachen Kabelschutz des Lebens fehlt er

bin nur aufgepurzelt unterwegs am So la la

gefahra gefahra dort ufern   summs

B e i k l i t z e k l e i n e w e i l e l a n g e b e i

müßiggang es krümmt sich mehr das grat auf rück

die frag ist spitzen das die klitzeletzten die senioren

ihnen schwindelt hei vor jahr und tag und rund erst recht

alle wähnen es das leben ende und zwar da und nachher

dieser klare wille er heißt nochmals

und noch nochmals hei tut was grat auf rück erst recht

das jahr ist nicht da

aber das denken an das jahr da

da das jahr nicht da ist hat das denken an das jahr ja

viel platz es nimmt sich den losen raum

eines hüpfens der lippen an einer querflöte

schon ist das jahr erneut nicht da

das jahr ist ein lippenhüpfen

an einer querflöte das jahr selbst ist nicht da

selbst das quere akkordeon immer wieder ausbugsiert das

quillt quillt

Durchsichtige Bäume flunkern nicht
ein in Ästen festgeklemmter verblassender Luftballon
unter losen Wolken die mit WoWohin mit WoWohin

ist bei koloriertem Laub zu fragen Was ist schon ganz weg
wer jetzt keinen Herbst hat wird selber einer sein

diese Spannung die gerade eben keine Erfüllung
sodass es sich über sich hinaus quellen lässt

und diese mutmaßliche Stille sie anschlummern

Wer sich umdreht oder lacht

Die die singen Die die singen

hüpfen bei Verinselung
lauschen bei Stillehören
rauschen bei Laubgeflüster

Das ist die Zeit der Jahre

Keiner hat und hat und hat zu viel an Zeit
Nachher ist und ist sie du Und geht auf Und davon

Die Luft ist manisch ist der Sänger Pate
Ihr Gig im Einvernehmen countdown geht Fermate

W e r   w i e d e r   r e i s t
war schon einmal richtig da

Im ICE einem Heimvorteil aufsitzen

      unglaubliche Sitzwache Ein Blick
ein Punkt ein Punktemelder Meldefelder Meldewälder

erlösen die Handbremse Endlich Münchenmitte Mobiler
Service
      radiert die Spuren Ringelreisespuren Reihengold

Mit in diese eile Pfeilefahrt hinein Nomadenlaute
Mindesthaltbarkeiten Wohin du auch retourgelangst
die Antwort auf Zeit passt nie Weder nie noch da

Sausefalle

I

Ein Blick hinaus
nur ein Blick
keinesfalls mehr
Dafür ein Dauerblick

Genug Schrägstriche
Januarbäume
Januargestrüpp
Zögerungen

Beinahe zu fassen
lüsterne Triangel
deren Zuggunst
keinesfalls Dauergunst

II

Das Hin–und–weg
der einen Flitzemaus
Die bloß ist und blind
pelzchenarm januarm

Im Winterwinter toben

längst nicht mehr die Blumen

aber die unsblanken Bäume Zweigmeister

sind unangezogen umglücklich

stecken schon Kinnhaken ein

Kringel da herum

Frage dich
wozu die Bilder die Bilder
meinen
alles weiß nichts
nur immer einzelner Hinschaum

Frage dich
wozu die Stimmen die Stimmen
deuten
geschwätziger Chor
zwischen leisem Summen

In der Folge Jauchzebeeren

diese späteste Lichtung zeigt vorüber
noch kein Schnee zu Füßen
mit klobigen Händen spazieren gehen
die Grasnarbe weiß zu schwinden
dabei verraten die Stengel verraten den Strauch

Wenn ich unsäglich wär
flög ich zu dir.
Da ich unsäglich bin
bleib ich bei mir.

Wenn ich tagtäglich wär
blieb ich bei dir.
Da ich tagtäglich bin
flieg ich zu mir.

Wenn die dunklen zwei

Tage wie Flügel

sich zusammenreimen

sich beugen lassen

um die Vorherrschaft

ringen sollen gehen sie

mittenrein inuneinander über

Z w e i   E i g e l b e

dottern ohne nachbarschaftlichen Weißglibber
auf dem hochgereckten Hügel aus Mehl
Wer weiß was daraus wird
Mein Vater wollte auch nur Konditor werden

H e r b s t e r e s Werden über all   Hilfe mein
Hibiskus blüht
                          hat den Sommer verpatzt
            hat den Sommer mir erübrigt

Wer jetzt keinen Groll hat versteht den keiner mehr
                        Es ist ein Mittelaltern in der Welt
            ein kreiertes Monster   bös   anders als daheim

Übers Morgenland klagen geht nachher wie geschmiert in der Welt

            den Schatten auf den Uhren einen Versuch legen
in den Alleen blumen Emails   in den Emails treiben

w e n n   i c h   e i n m a l

wenn ich einmal groß bin sagt das mädchen
gehe ich in stöckelschuhen probt in mamas spitzen langen
hohen
die schuhe sind boote kähne schiffe
in denen die füßchen verschwimmen

w e n n   i c h   e i n m a l

wenn ich einmal fertig werde sagt der jurastudent
werde staatsanwalt und fahre einen porsche
und übt auf dem fahrrad gesetzestexte im wind
die texte sind flyer für sein rockkonzert
in dem die freunde verräter rufen

w e n n   i c h   e i n m a l

wenn ich einmal alt bin sagt der vater
fahre ich greis ins heim und schneidet
auf pappe sich einen rollstuhl aus
die beine flattern als papierfetzen
von denen der klebstoff tropft

w e n n   i c h   e i n m a l

wenn ich einmal geheilt bin sagt die patientin
gehe mit links über die straße zum geliebten
und versucht einen hüpfer mit links
die beine machen nicht mit aber ihr wollen
an dem ihr herz unbedacht baumelt

w e n n   i c h   e i n m a l

wenn ich einmal berühmt bin sagt der dichter
schreibe nur noch wortgeschraubtes versbohei
und testet auf hand und wand alles voll
die poeme verrenken sich wie das leben
von dem eh kaum einer was versteht

w e n n   i c h   e i n m a l

wenn ich schreibe

lasse ich lesen

höre ich hinzu

gehe ich leben

tue ich mir etwas an

Vorher war auch das strahlende Lächeln für mich

Die Meere rücken über stücküber

Die Bienen können gehen stücküber

Vorher war auch das strahlende Lächeln für mich

Vorschlag bei Düsternis

Leben Sie jetzt einfach ganz schnell!
Umso besser können Sie sich fangen.

Zur Not sich fortpflanzen, denn damit
wird die vergrübelte Sinnsuche locker.

Ohne Scherz: Ihr Ich bleibt Ihnen
auch solo. Nur das mit dem Staat!

Hinabtastend gehen Sie auf. Aber
nehmen Sie eine Trillerpfeife mit!

Zur Autorin

1956 geb. bei Köln

Drei Bände erschienen bei
Gebrüder Constantinides, Druckerei & Verlagsanstalt,
Windach:
– zwei Lyrikbände:
  Langsames Vergessen, 1988
  Schrift mit Wiese, 1990
– ein Roman: *Südostwärts, 1994*

Der Lyrikband *Lach mal Liebe* erschien 2008 bei
Monsenstein und Vannerdat, Münster

Zwei längere Erzählungen *Sag mal im Park* erschien im

Juni 2013 bei Shaker Verlag, Aachen

FSC
www.fsc.org

MIX

Papier aus ver-
antwortungsvollen
Quellen
Paper from
responsible sources

FSC® C105338